W0413321

Fingerfood

Rezepte für den Thermomix

Vorwort

Kleine mundgerechte Häppchen sowie Snacks, in vielen Variationen z.B. in kleinen Gläsern serviert, finden Sie in unserem Kochbuch für den Thermomix.
Ob bei einer Geburtstags- oder Cocktailparty oder einfach nur in lockerer Runde. Wir haben für Sie unsere besten Fingerfood-Rezepte speziell für den Thermomix zusammengestellt.
Fingerfood kommt ursprünglich aus den USA und bedeutet, dass man alles mit den Fingern essen kann. Man braucht kein Besteck, nur Servietten und Teller.
Sie finden in unserem Kochbuch kleine Crêpes, Fisch- oder Fleischtaler, Mini-Pizzen oder Blätterteigküsschen. Fingerfood ist schnell und einfach zubereitet und daher ideal für das nächste Partybuffet.

Wenn in Rezepten als Stufe z.B. 3.5 für den TM 5 angegeben ist, entspricht dies Stufe 3–4 für den TM 31.

Gegebenenfalls abweichende Temperaturangaben für den TM 31 finden Sie in den Rezepten jeweils in Klammern.

Inhaltsverzeichnis

Pikante Toaströllchen

Zutaten für 16 Stück

1 Pckg.	Toastbrot (16 Scheiben)
50 g	Butter, weich
100 g	Cheddar-Käse
30 g	Parmesan
140 g	Paprika, eingelegt (Glas)
15 g	Petersilie, gehackt
45 g	Mayonnaise
1 Tl	Thymian
1 Tl	Oregano
1 Tl	Paprika, edelsüß
1	Prise Salz
etwas Zucker	
etwas Pfeffer	
Öl und Butter zum Braten	

Zubereitung

- Bei allen Toastscheiben die Rinde abschneiden und die Scheiben mit einem Nudelholz flach ausrollen.
- Jede Scheibe mit etwas Butter bestreichen.
- Cheddar und Parmesan in Stücken in den Mixtopf geben, **15 Sek./Stufe 6** reiben und umfüllen.
- Paprika in den Mixtopf geben und **3 Sek./Stufe 4** zerkleinern.
- Käse sowie die restlichen Zutaten hinzufügen und **10 Sek./Stufe 3** vermischen.
- Die Creme auf die Toastscheiben streichen und anschließend einrollen. Falls die Röllchen nicht halten, mit einem Zahnstocher fixieren.
- In einer Pfanne etwas Butter und Öl erhitzen und die Röllchen darin von allen Seiten goldgelb ausbacken.

Tipp *Dazu passt gut ein Rucola-Tomaten-Salat.*

Nährwerte/100 g: 316 kcal | EW 9,71 g | F 21,64 g | KH 19,67 g

Nährwerte/100 g: 177 kcal | EW 6,47 g | F 11,65 g | KH 11,52 g

Thunfisch Päckchen

Zutaten für 10 Stück

1	Knoblauchzehe
20 g	Schnittlauch, in Röllchen
5 g	Öl
1 Dose	Thunfisch (ca. 140 g Abtropfgew.)
100g	Crème fraîche
½ Tl	Zitronensaft
etwas Pfeffer und Zucker	
½ Pckg.	Filoteig (ca. 140 g)
Öl zum Braten	

Zubereitung

- Knoblauch in den Mixtopf geben, **3 Sek./Stufe 6** zerkleinern und mit dem Spatel runterschieben.
- Schnittlauch und Öl hinzugeben, **2 Min./120°C (Varoma)/Stufe 1** andünsten, etwas abkühlen lassen.
- Den Thunfisch sehr gut abtropfen lassen, evtl. ein wenig trocken tupfen.
- Die restlichen Zutaten sowie den Thunfisch zum Knoblauch hinzufügen und **15 Sek./Stufe 2** vermischen.
- Filoteig ausbreiten und in zehn Stücke schneiden.
- Die Masse darauf verteilen und den Teig mit eingeklappten Seiten zu kleinen Päckchen einschlagen.
- Die Thunfischpäckchen in einer Pfanne mit Öl bei mittlerer Hitze goldgelb braten.

Schinkenschnecken

Zutaten für 18–20 Stück

130 g	Gouda, in Stücken
1	rote Zwiebel, halbiert
250 g	Kochschinken
100 g	Crème fraîche
80 g	Champignons
2 Tl	Petersilie (TK)
¼ Tl	Salz
¼ Tl	Pfeffer
1 El	Ajvar
1 Pckg.	Blätterteig (ca. 270 g)

Zubereitung

- Backofen auf **200°C Ober-/Unterhitze** vorheizen.
- Käse in den Mixtopf geben, **4 Sek./Stufe 8** reiben und umfüllen.
- Zwiebel in den Mixtopf geben, **3 Sek./Stufe 5** zerkleinern.
- Schinken, Crème fraîche, Champignons, Petersilie, Gewürze und Ajvar hinzufügen, **7 Sek./Stufe 5** ebenfalls zerkleinern.
- Käse hinzufügen, **10 Sek./LL/Stufe 4** unterrühren.
- Den Blätterteig auf der Arbeitsplatte ausbreiten, die Masse darauf verteilen und von der langen Seite her aufrollen.
- Die Rolle in 2 cm dicke Scheiben schneiden, auf ein mit Backpapier ausgelegtes Backblech legen und **ca. 30–35 Min.** backen.

Nährwerte/100 g: 242 kcal | EW 10,29 g | F 17,96 g | KH 10,06 g

Nährwerte/100 g: 105 kcal | EW 7,07 g | F 4,19 g | KH 9,32 g

Mini-Kartoffelpuffer mit Lachstatar

Zutaten für 15–20 Stück

Tatar

300 g	Lachs, ohne Haut u. Gräten
1	Schalotte
2	Sardellen (Dose)
20 g	Mayonnaise
1 El	Kapern (FP)
½ Tl	Salz
1 Tl	Zitronensaft
etwas Pfeffer	
etwas Zucker	

Puffer

500 g	Kartoffeln
1	Zwiebel, halbiert
1	Ei
1½ Tl	Salz
2 El	Mehl
Öl zum Braten	

Zubereitung

Tatar

› Den Lachs waschen, trocken tupfen und in Stücke schneiden.
› Schalotte in den Mixtopf geben, **3 Sek./Stufe 5** zerkleinern.
› Die restlichen Zutaten hinzufügen und **1 Sek./Stufe 4** zerkleinern. Falls es noch etwas zu grob ist, den Vorgang wiederholen.
› Das Tatar umfüllen und kalt stellen.
› Den Mixtopf reinigen.

Puffer

› Kartoffeln schälen, vierteln und zusammen mit den restlichen Zutaten in den Mixtopf geben, **10 Sek./Stufe 5** vermischen.
› In einer Pfanne Öl erhitzen und aus dem Teig kleine Puffer goldgelb ausbacken.
› Zum Auskühlen auf Küchenpapier legen.
› Das Lachstatar auf die Puffer geben und nach Belieben dekorieren.

Tipp *Die Türmchen sehen dekorativer aus, wenn man sie mit Hilfe von Metallringen herstellt.*

Mettduett

Zutaten für 25–30 Stück

Teig

310 g	Mehl
200 g	Butter
50 g	Joghurt
1 Tl	Backpulver
1	Prise Salz

Füllung

1	Zwiebel, halbiert
1	Knoblauchzehe
1	Scheibe Ingwer
15 g	Öl
220 g	Mett
1	Ei
1 El	Dill, gehackt
20 g	Joghurt
1 Tl	Senf
1 Tl	Salz

etwas Pfeffer

zusätzlich

6 Tl	Ketchup
60 g	Käse, gerieben

Öl zum Braten

Zubereitung

Teig

- Alle Teigzutaten in den Mixtopf geben und **3 Min./Teigstufe** kneten.
- Den Teig in Folie wickeln und im Kühlschrank 1 Std. ruhen lassen.

Füllung

- Zwiebel, Knoblauch und Ingwer in den Mixtopf geben, **4 Sek./Stufe 5** zerkleinern.
- Öl hinzufügen und **3 Min./Varoma/Stufe 2** andünsten.
- Die restlichen Zutaten hinzufügen und **20 Sek./Teigstufe** vermischen.
- Backofen auf **190°C Ober-/Unterhitze** vorheizen.
- Den Teig in zwei Teile teilen, einen Teil auf einer bemehlten Fläche ausrollen und 12 kleine Kreise für eine Mini-Muffin-Form ausstechen.
- Die Teigkreise in die gefetteten Förmchen legen und am Rand etwas hochziehen.
- In jedes Förmchen ½ Tl Ketchup geben, mit Mett auffüllen, mit Käse bestreuen und **ca. 20–25 Min.** backen.
- Die Teigreste vom Ausstechen mit der anderen Teighälfte verkneten, auf einer bemehlten Fläche ausrollen und halbieren.
- Auf eine Teighälfte kleine Metthäufchen setzen; etwas Abstand lassen, damit sie ausgestochen werden können.
- Die andere Teigplatte oben darauf legen und nun die Häufchen ausstechen oder in kleine Vierecke schneiden.
- Die Teiglinge in einer Pfanne mit etwas Öl bei mittlerer Hitze langsam goldgelb braten.

Nährwerte/100 g: 366 kcal | EW 9,25 g | F 26,70 g | KH 22,52 g

Salami-Happen

Zutaten für 18–20 Stück

200 g	Salami
2	Schalotten
250 g	Mehl
1½ Tl	Backpulver
1 El	Gartenkräuter
200 g	Butter, weich in Stücken
220 g	Quark
½ Tl	Salz
½ Tl	Pfeffer

Zubereitung

- Backofen auf **220°C Ober-/Unterhitze** vorheizen.
- Salami und Schalotten in den Mixtopf geben, **10 Sek./Stufe 6** zerkleinern.
- Die restlichen Zutaten hinzufügen und **2 Min./Teigstufe** kneten.
- Aus dem Teig Kugeln formen und auf einem mit Backpapier ausgelegten Backblech für **ca. 18–20 Min.** backen.

Nährwerte/100 g: 339 kcal | EW 6,94 g | F 26,36 g | KH 18,40 g

Tatar mit Wachtelei

Zutaten für 4 Stück

300 g	Rindfleisch, z.B. Filet oder Hüfte
40 g	Gewürzgurken
10 g	Schalotten
20 g	Öl
1	Eigelb
2 Tl	Maggi (FP)
1 Tl	Salz

zusätzlich 8 Wachteleier

Nährwerte/Stück: 188 kcal | EW 18,43 g | F 12,45 g | KH 0,58 g

Tomaten-Rucola-Muffin

Zutaten für 7 Stück

28	Cocktailtomaten
75 g	Mozzarella
20 g	Rucola, entstielt
100 g	Quark
1	Ei
125 g	Mehl
1½ Tl	Backpulver
3 El	Milch
3 El	Olivenöl
½ Tl	Thymian, getrocknet
¼ Tl	Chiliflocken

etwas Salz und etwas Zucker

Zubereitung

- Die Tomaten mit kochendem Wasser übergießen und anschließend häuten.
- Backofen auf **180°C Ober-/Unterhitze** vorheizen.
- Mozzarella und Rucola in den Mixtopf geben, **4 Sek./Stufe 5** zerkleinern und umfüllen.
- Die restlichen Zutaten, bis auf die Tomaten, und 30 g von dem Rucolakäse in den Mixtopf füllen und **25 Sek./Stufe 2.5** vermischen.
- Sieben Mulden einer Muffinform einfetten und den Teig einfüllen.
- Je Mulde vier Tomaten in den Teig drücken.
- Mit dem restlichen Rucolakäse bestreuen und **ca. 20 Min.** backen.

Nährwerte/100 g: 144 kcal | EW 7,07 g | F 5,90 g | KH 15,31 g

Zubereitung

- Gewürzgurken schälen, Fleisch in Streifen schneiden.
- Alle Zutaten, bis auf die Wachteleier, in den Mixopf geben, **4–5 Sek./Stufe 5** zerkleinern.
- Das Tatar in vier Portionen teilen und zu flachen Talern (ø ca. 8–10 cm) formen.
- Die Wachteleier vorsichtig trennen, in jeden Taler zwei kleine Mulden drücken und die Eigelbe darauf setzen.

Garnelen-Lachs-Bällchen

Zutaten für ca. 25 Stück

30 g	Parmesan
1	Zwiebel, geviertelt
15 g	Öl
150 g	Risottoreis
60 g	Weißwein
430 g	Wasser
5 g	Hühnerbrühe (Instant)
15 g	Butter
100 g	Garnelen, ohne Schale (FP)
120 g	Lachs, geräuchert
2 El	Kräuter, gehackt
1	Ei
1½ El	Zitronensaft
1 Tl	Salz
etwas Pfeffer	
Paniermehl zum Wälzen	
Fett zum Frittieren	

Zubereitung

- Parmesan im Mixtopf **8 Sek./Stufe 10** reiben und umfüllen.
- Zwiebel in den Mixtopf geben und **4 Sek./Stufe 5** zerkleinern.
- Öl hinzufügen, **3 Min./100°C/Stufe 1** andünsten.
- Reis hinzugeben und **3 Min./100°C/LL/Stufe 1** dünsten.
- Das Wasser mit der Brühe etwas erhitzen, dann zum Reis in den Mixtopf geben und **19 Min./100°C/LL/SRS** ohne Messbecher kochen.
- Nach der Garzeit Butter und Parmesan mit dem Spatel unterheben.
- Das Risotto umfüllen und auskühlen lassen.
- Lachs in Stücken, Garnelen und Kräuter in den Mixtopf geben, **3 Sek./Stufe 5** zerkleinern.
- Die restlichen Zutaten sowie das abgekühlte Risotto hinzufügen und **25 Sek./LL/Stufe 2.5** vermengen.
- Die Masse zu kleinen Kugeln formen, in Paniermehl wälzen und nach und nach in heißem Fett kurz goldgelb frittieren.
- Anschließend auf einem Küchenkrepp abtropfen lassen.

Nährwerte/100 g: 193 kcal | EW 6,58 g | F 22,80 g | KH 3,88 g

Nährwerte/100 g: 238 kcal | EW 10,17 g | F 9,32 g | KH 27,94 g

Crêpes mit Forellencreme

Zutaten für 12 Stück

Crêpes

20 g	Butter
240 g	Milch
2	Eier
1	Prise Salz
40 g	Mehl
2 El	Kräuter, getrocknet
Öl zum Braten	

Creme

125 g	Forellenfilet, geräuchert
90 g	Frischkäse
40 g	Crème fraîche
2 El	frische Kräuter, gehackt
1 Tl	Zitronensaft
½	Zitrone, Abrieb davon
1	Prise Salz
etwas Pfeffer	

Zubereitung

Crêpes

- Butter in den Mixtopf geben, **45 Sek./100°C/Stufe 1** schmelzen und anschließend abkühlen lassen.
- Milch, Ei und Salz hinzufügen, **12 Sek./Stufe 4** vermischen.
- Mehl und Kräuter dazugeben, **25 Sek./Stufe 3** verrühren, umfüllen und 30 Min. ruhen lassen.
- In einer Pfanne mit Öl 12 dünne Crêpes ausbacken (ø ca. 15 cm).

Creme

- Alle Zutaten für die Creme in den sauberen Mixtopf geben und **10 Sek./Stufe 4** vermischen.
- Die Creme auf die abgekühlten Crêpes streichen und einrollen.
- Zum Servieren sehen die Crêpes dekorativer aus, wenn sie halbiert und die Enden abgeschnitten sind.

Dreierlei Schmandtaler

Zutaten für ca. 45 Stück

Teig

200 g	Emmentaler, in Stücken
280 g	Mehl
110 g	Butter, weich in Stücken
100 g	Schmand
50 g	Joghurt
1/4 Tl	Salz
1/4 Tl	Pfeffer
1 El	Kräuter, getrocknet
1/2 Tl	Paprika

Belag

70 g	Schmand
4	mittelgroße Champignons
1	Lauchzwiebel
2 El	Speckwürfel, geräuchert

Zubereitung

Teig

- Käse in den Mixtopf geben, **10 Sek./Stufe 6** zerkleinern und umfüllen.
- Backofen auf **200°C Ober-/Unterhitze** vorheizen.
- Mehl, 80 g Emmentaler und die restlichen Teigzutaten in den Mixtopf geben, **2 Min./Teigstufe** kneten.
- Den Teig ausrollen, mit dem Messbecher Kreise ausstechen und den restlichen Teig neu ausrollen. Vorgang wiederholen, bis der Teig verbraucht ist.

Belag

- Schmand auf den Talern verteilen.
- Die Pilze in Scheiben und die Lauchzwiebel in Ringe schneiden.
- Auf 1/3 der Taler die Pilze, auf 1/3 die Zwiebelringe und auf dem letzten Drittel die Speckwürfel verteilen.
- Die Taler mit dem restlichen Käse bestreuen und **ca. 15 Min.** im Backofen backen.

Tipp *Schmecken warm oder kalt.*

Nährwerte/100 g: 276 kcal | EW 7,75 g | F 17,94 g | KH 21,05 g

Nährwerte/100 g: 154 kcal | EW 9,39 g | F 6,55 g | KH 14,01 g

Mini-Pizzen mit Thunfisch

Zutaten für ca. 20 Stück

Teig

170 g	Mehl
10 g	Hefe, frisch
¼ Tl	Salz
1	Ei
35 g	Butter

Sauce

1 Dose	Tomaten, stückig (400 g)
1 Tl	Oregano, getrocknet
1 Tl	Thymian, getrocknet
¼ Tl	Salz
2 Tl	Zucker

Belag

80–100 g	Käse, z.B. Edamer
1 Dose	Thunfisch im eigenen Saft (195 g)
1	rote Zwiebel

Zubereitung

Teig

› Alle Zutaten in den Mixtopf geben, **2 Min./Teigstufe** kneten und umfüllen.
› Den Teig an einem warmen Ort ca. 30 Min. gehen lassen.

Sauce

› Alle Zutaten in den Mixtopf geben, **15 Min./Varoma/LL/Stufe 1** ohne Messbecher einkochen und umfüllen. Als Spritzschutz das Garkörbchen verwenden.
› Sauce umfüllen, etwas abkühlen lassen und den Mixtopf spülen.
› Backofen auf **200°C Ober-/Unterhitze** vorheizen.
› Käse in Stücken in den Mixtopf geben und **15 Sek./Stufe 6** zerkleinern.
› Den Teig ausrollen und Kreise (ø ca. 8 cm) ausstechen, Teigreste neu ausrollen und wiederholen, bis er aufgebraucht ist.
› Thunfisch etwas abtropfen lassen und die Zwiebel schälen, vierteln und in Scheiben schneiden.
› Die Tomatensauce auf die Taler geben, mit Thunfisch und Zwiebeln belegen und mit Käse bestreuen.
› Die Pizzen **ca. 15 Min.** backen.

Mett Rollen

Zutaten für ca. 14 Stück

50 g	Tomaten, ohne Kerne
60 g	Feta
25 g	Mais
10 g	Öl
½ Tl	Maggi
25 g	Schnittlauch in Röllchen
200 g	Mett
½ Pckg.	Filoteig (ca. 140 g)

Öl zum Braten

Zubereitung

- Tomaten, Feta, Mais, Öl, Maggi und Schnittlauch in den Mixtopf geben, **15 Sek./Stufe 2** kneten.
- Das Mett hinzufügen und **15 Sek./Teigstufe** vermischen.
- Den Filoteig ausbreiten und in ca. 14 Teile schneiden.
- Die Masse auf den Teigstücken verteilen, diese einrollen und die Seiten dabei einklappen.
- Die Rollen in einer Pfanne mit etwas Öl goldgelb braten.

Nährwerte/100 g: 276 kcal | EW 11,71 g | F 17,63 g | KH 17,44 g

Lachs-Garnelen-Mini-Muffins

Zutaten für 12 Stück

100 g	Garnelen (FP)
50 g	Lachs, geräuchert
140 g	Mehl
1	Ei
125 g	Buttermilch
15 g	Öl
1½ Tl	Petersilie, fein gehackt
1½ Tl	Backpulver
1 Tl	Salz
etwas Pfeffer	

Zubereitung

- Backofen auf **190°C Ober-/Unterhitze** vorheizen und ein Mini-Muffin-Blech einfetten.
- Garnelen und Lachs in den Mixtopf geben, **1 Sek./Stufe 5** zerkleinern.
- Die restlichen Zutaten hinzufügen und **10 Sek./Stufe 3** vermischen.
- Die Masse in die Mulden füllen und **ca. 30–35 Min.** backen.

Tipp *Servieren Sie die Muffins warm mit einem Kräuterdip.*

Nährwerte/100 g: 187 kcal | EW 10,72 g | F 6,01 g | KH 22,07 g

Nährwerte/100 g: 143 kcal | EW 7,76 g | F 11,74 g | KH 1,72 g

Gefüllte Champignons

Zutaten für 10 Stück

10	Riesen-Champignons
35 g	Zwiebeln
1	Knoblauchzehe
15 g	Öl
70 g	Blattspinat (TK), aufgetaut
75 g	Schinkenwürfel, geräuchert
130 g	Kräuterfrischkäse
1/4 Tl	Salz
1/4 Tl	Paprika, edelsüß

etwas Pfeffer

Zubereitung

- Die Pilze putzen, Stiele großräumig herausschneiden und die Köpfe beiseite stellen.
- Backofen auf **200°C Ober-/Unterhitze** vorheizen.
- Zwiebeln und Knoblauch in den Mixtopf geben, **3 Sek./Stufe 5** zerkleinern und mit dem Spatel runterschieben.
- Öl hinzufügen und **2 Min./120°C (Varoma)/Stufe 1** dünsten
- Pilzabschnitte und ausgedrückten Spinat hinzugeben, **4 Sek./Stufe 5** zerkleinern.
- Die restlichen Zutaten in den Mixtopf dazugeben und **6 Sek./Stufe 3** vermischen.
- Die Pilzköpfe mit der Spinatmischung füllen, auf ein Backblech mit Backpapier stellen und **ca. 15 Min.** backen.

Tipp *Schmecken am besten warm mit einem leckeren Dip.*

Mini-Frikadellen mit Wachtelei

Zutaten für ca. 8 Stück

Frikadellen

50 g	Brötchen vom Vortag
½	Zwiebel
½	Knoblauchzehe
1 Tl	Öl
250 g	Hackfleisch, gemischt
1 El	Senf
2 El	Kräuter (TK)
½ Tl	Salz
etwas Pfeffer	

Füllung

8	Wachteleier, hartgekocht
Öl zum Ausbacken	
Semmelbrösel zum Wenden	

Zubereitung

- Brötchen in etwas Wasser oder Milch einweichen und anschließend ausdrücken.
- Zwiebel und Knoblauch in den Mixtopf geben, **3 Sek./Stufe 5** zerkleinern.
- Öl hinzufügen und **3 Min./120°C (Varoma)/Stufe 1** dünsten.
- Die restlichen Zutaten hinzugeben und **50 Sek./LL/Stufe 3** vermischen.
- Den Teig in acht Teile teilen.
- Wachteleier schälen.
- Die Portion in der Hand flach drücken und das Ei hineinlegen.
- Mit dem Teig umschließen und zu ovalen Frikadellen formen.
- Die Frikadellen in Paniermehl wenden. In einer Pfanne etwas Öl erhitzen und die Frikadellen darin braten.
- Beim Anrichten am besten einmal längs durchschneiden.

Tipp *Sie können als Füllung auch kleine Mozzarella-Kugeln nehmen.*

Nährwerte/100 g: 231 kcal | EW 14,06 g | F 16,26 g | KH 7,34 g

Nährwerte/100 g: 212 kcal | EW 12,97 g | F 22,64 g | KH 6,85 g

Risotto-Kroketten mit Schinken

Zutaten für 25–30 Stück

1	Zwiebel, halbiert
15 g	Butter
160 g	Risottoreis
420 g	Gemüsebrühe, heiß
30 g	Parmesan, gerieben
3 El	Petersilie, gehackt
2 El	Schnittlauch, in Röllchen
130 g	Kochschinken, in Stücken
2	Eier
2 El	Orangensaft
4 El	Paniermehl

Paniermehl zum Wenden
Öl zum Braten

Zubereitung

› Zwiebeln in den Mixtopf geben und **4 Sek./Stufe 5** zerkleinern.
› Butter hinzufügen und **2 Min./120°C (Varoma)/Stufe 1** andünsten.
› Risottoreis und heiße Gemüsebrühe hinzugeben, **ca. 18 Min./100°C/LL/Stufe 1** ohne Messbecher kochen.
› Parmesan mit dem Spatel unterheben, das Risotto umfüllen und erkalten lassen. Das Risotto kann auch schon am Vortag zubereitet werden.
› Den Mixtopf spülen.
› Petersilie, Schnittlauch und Schinken in den Mixtopf geben, **3 Sek./Stufe 4** zerkleinern.
› Das kalte Risotto und die restlichen Zutaten hinzufügen, **15 Sek./Stufe 3** vermischen.
› Die Masse im Kühlschrank eine Weile kalt stellen.
› Mit feuchten Händen aus der Masse Kroketten formen, in Paniermehl wenden und in einer Pfanne mit heißem Öl goldgelb ausbacken.
› Anschließend auf Küchenkrepp abtropfen lassen.

Tipp *Schmecken am besten warm mit einem leckeren Dip.*

Spinatküchlein mit Kassler

Zutaten für ca. 10 Stück

Teig	
85 g	Mehl
5 g	Hefe, frisch
½	Ei, verquirlt
20 g	Butter

Füllung	
50 g	Cheddar-Käse
1	Zwiebel, halbiert
1	Knoblauchzehe
3 El	Öl
125 g	Kassler, gewürfelt
65 g	Spinat (TK), aufgetaut
250 g	Milch
4	Eier
80 g	Crème fraîche
2 El	„8" Kräuter (TK)
20 g	Pinienkerne

Zubereitung

Teig

- Alle Teigzutaten in den Mixtopf geben und **1:30 Min./Teigstufe** kneten.
- Den Teig umfüllen und ca. 30 Minuten an einem warmen Ort gehen lassen.
- Die Mulden eines Muffinbleches oder kleine Förmchen einfetten.
- Den Teig ausrollen, Kreise ausstechen und die Mulden oder Förmchen damit auskleiden.
  Dabei einen Rand bis etwa zur Hälfte hochziehen.

Füllung

- Backofen auf **180°C Ober-/Unterhitze** vorheizen.
- Käse in Stücken in den Mixtopf geben, **5 Sek./Stufe 5** zerkleinern und umfüllen.
- Zwiebel und Knoblauch in den Mixtopf geben, **4 Sek./Stufe 5** zerkleinern.
- Öl und Kassler hinzufügen, **3 Min./120°C (Varoma)/Stufe 1** dünsten.
- Spinat ausdrücken und grob zerkleinern.
- Die restlichen Zutaten hinzufügen und **20 Sek./LL/Stufe 3** vermischen.
- Die Füllung auf dem Teig verteilen.
- Die Küchlein **ca. 20 Min.** backen.

Nährwerte/100 g: 175 kcal | EW 8,89 g | F 11,69 g | KH 8,71 g

Zweierlei Mousse von Spargel

Zutaten für 8 Gläser

Grüne Mousse

500 g	Wasser
1 Tl	Zucker
1½ Tl	Salz
1 Tl	Butter
500 g	grüner Spargel
5 Bl.	Gelatine
300 g	Sahne
5 Tl	Zitronensaft
¼ Tl	Wasabi (grüner Meerrettich)
2 El	Weißwein

Weiße Mousse

500 g	Wasser
1 Tl	Zucker
1½ Tl	Salz
1 Tl	Butter
500 g	weißer Spargel
5 Bl.	Gelatine
300 g	Sahne
5 Tl	Zitronensaft
¼ Tl	Meerrettich
2 El	Weißwein

Zubereitung

Grüne Mousse

- Wasser, Zucker, Salz und Butter in den Mixtopf geben und das Garkörbchen einhängen.
- Den grünen Spargel waschen, schälen, die Enden abschneiden und zum Kochen in das Garkörbchen legen.
- Die Spargelstangen in 5 cm Stücke schneiden, auf die Spargelenden in das Garkörbchen legen und die Spargelspitzen darauf legen.
- Den Spargel **20 Min./100°C/Stufe 2** garen.
- Gelatine nach Packungsangaben einweichen.
- Das Garkörbchen herausnehmen und das Garwasser auffangen.
- Acht Spargelspitzen für die Deko zur Seite legen.
- Die restlichen Spargelstücke, ausgenommen die Spargelenden, in den Mixtopf geben.
- Von dem Garwasser 4 El dazugeben, **30 Sek./Stufe 10** pürieren.
- Die restlichen Zutaten, außer die Gelatine, in den Mixtopf dazugeben und **2 Min./100°C/Stufe 2** aufkochen, anschließend etwas abkühlen lassen.
- Die Gelatine ausdrücken, in den Mixtopf geben und **5 Sek./Stufe 2** unterrühren.
- Die grüne Mousse in kleine Gläser ca. halbvoll einfüllen und über Nacht fest werden lassen. Wenn Sie die Gläser z.B. in einer Muffinform leicht schräg stellen, ergibt dies einen tollen optischen Effekt.

Weiße Mousse

- Auf die gleiche Art wie die grüne Mousse herstellen.
- Die fertige Mousse auf die grüne Schicht füllen. Dabei die Gläser wieder gerade stellen.
- Im Kühlschrank fest werden lassen.
- Mit je einer grünen und einer weißen Spargelspitze dekorieren.

Nährwerte/Portion: 271 kcal | EW 5,28 g | F 24,96 g | KH 6,63 g

Garnelen-Krabben-Frikadellen

Zutaten für ca. 15 Stück

1	große Schalotte
1	Knoblauchzehe
15 g	Butter
200 g	Garnelen (FP)
100 g	Krabben (FP)
70 g	Semmelbrösel
50 g	Mayonnaise
1	Ei
10 g	Petersilie, gehackt
10 g	Schnittlauch, gehackt
1 Tl	Zitronensaft
½ Tl	Tabasco

Öl zum Braten

Zubereitung

Schalotte und Knoblauch im Mixtopf **4 Sek./Stufe** 5 zerkleinern.
Butter hinzufügen und **3 Min./** 120°C**(Varoma)/Stufe** 2 dünsten.
Die restlichen Zutaten dazugeben und **2 Sek./Stufe** 4 vermischen.
Die Masse zu kleinen Frikadellen formen und in heißem Öl von beiden Seiten braten.

Tipp *Dazu passt z.B. ein Avocado Dip.*

Nährwerte/100 g: 348 kcal | EW 17,69 g | F 14,67 g | KH 35,88 g

Fette Zigarren

Zutaten für 8 Stück

½ Pck.	Filoteig (ca. 140 g)
120 g	Feta
100 g	Schmand
80 g	Schnittlauch, in Röllchen
2 El	Petersilie, gehackt
½ Tl	Salz
½ Tl	Zucker

Öl zum Braten

Zubereitung

Filoteig ausbreiten und in 8 gleich große Teile teilen.
Die restlichen Zutaten in den Mixtopf geben und **15 Sek./Stufe 2** vermischen.
Auf jedes Teigstück etwas Creme geben, dabei einen Rand frei lassen.
Die Teigstücke einrollen und die Seiten dabei einschlagen.
Die Zigarren in Öl goldgelb braten.

Nährwerte/100 g: 288 kcal | EW 7,76 g | F 19,74 g | KH 19,62 g

Panna Cotta mit Lachs

Zutaten für 4 Stück

3 Bl.	Gelatine	10 g	Sahnemeerrettich
150 g	Sahne	1 El	Dill, fein gehackt
2 Tl	Zitronensaft	1/2 Tl	Salz
2 El	Weißwein	1/2 Tl	Zucker
50 g	Schmand	etwas Pfeffer	
90 g	Saure Sahne	250 g	Graved Lachs, in Scheiben

Zubereitung

- Die Gelatine nach Packungsangaben einweichen.
- Rühraufsatz in den Mixtopf einsetzen, Sahne hinzugeben, ca. **1 Min./Stufe 3** auf Sichtkontakt schlagen und umfüllen.
- Den Rühraufsatz entfernen und den Mixtopf spülen.
- Zitronensaft und Weißwein in den Mixtopf geben, **1 Min./100°C/Stufe 1** erwärmen.
- Die Gelatine ausdrücken, hinzufügen und **10 Sek./Stufe 2** in der Flüssigkeit auflösen.
- Rühraufsatz wieder einsetzen.
- Die restlichen Zutaten, bis auf den Lachs, hinzugeben und **20 Sek./Stufe 2** vermischen.
- Die Panna Cotta in vier Förmchen einfüllen.
- In jedes Förmchen eine gerollte Scheibe Lachs in die Mitte eindrücken.
- Die Panna Cotta über Nacht im Kühlschrank fest werden lassen.
- Den restlichen Lachs als Spiegel auf einem Teller anrichten und die Panna Cotta darauf stürzen.
- Vor dem Servieren nach Belieben z.B. mit Dill garnieren.

Nährwerte/Portion: 360 kcal | EW 16,04 g | F 31,60 g | KH 3,11 g

Nährwerte/100 g: 338 kcal | EW 8,16 g | F 24,11 g | KH 22,23 g

Schafskäse-Hörnchen

Zutaten für 20–25 Stück

Teig

230 g	Butter
300 g	Mehl
250 g	Magerquark
1 P.	Backpulver
1	Prise Salz

Füllung

12	schwarze Oliven, entsteint
25 g	Zwiebel
1	Knoblauchzehe
150 g	Schafskäse, in Stücken
50 g	Schmand
½ Tl	Thymian, getrocknet
1 El	Petersilie, getrocknet
½ Tl	Paprika, edelsüß

Salz und Pfeffer nach Belieben

Zubereitung

Teig

› Alle Teigzutaten in den Mixtopf geben und **2 Min./Teigstufe** kneten.
› Den Teig umfüllen und für mind. 2 Stunden oder über Nacht kalt stellen.

Füllung

› Oliven, Zwiebel und Knoblauch in den Mixtopf geben, **3 Sek./Stufe 5** zerkleinern.
› Schafskäse hinzufügen und **3 Sek./Stufe 5** vermischen.
› Die restlichen Zutaten hinzugeben und **6 Sek./Stufe 2** unterrühren.
› Backofen auf **180°C Ober-/Unterhitze** vorheizen.
› Die Hälfte des Teiges auf einer gut bemehlten Fläche kreisförmig ausrollen und mit der Hälfte der Füllung bestreichen.
› Den Kreis in Kuchenstücke schneiden, diese von der breiten Seite her aufrollen, zu Hörnchen biegen und auf ein Backblech mit Backpapier legen.
› Den Vorgang mit der anderen Teighälfte wiederholen.
› Die Hörnchen **ca. 20–25 Min.** backen.

Kartoffel-Pistazien-Terrine

Zutaten für 10–15 Stücke

500 g	Wasser
600 g	Kartoffeln, mehlig kochend
80 g	Pistazien, gehackt
2 Tl	gemischte Kräuter, frisch oder TK
30 g	Parmesan, gerieben
120 g	Schafskäse
40 g	Butter, weich in Stücken
1 Msp.	Rosmarin, gemahlen
½ Tl	Pfeffer
½ Tl	Salz
1 Msp.	Muskat

Zubereitung

› Wasser in den Mixtopf füllen und das Garkörbchen einhängen.
› Kartoffeln einwiegen und **ca. 30–40 Min./Varoma/Stufe 2** garen. Die Zeit hängt von der Größe der Kartoffeln ab.
› Eine Auflaufform (ca. 16 cm x 20 cm) mit Frischhaltefolie auskleiden.
› Die Hälfte der Pistazien sowie 1 Tl Kräuter auf der Folie verteilen.
› Kartoffeln abschrecken, schälen und geviertelt in den Mixtopf geben, **3 Sek./Stufe 3** zerkleinern.
› Die restlichen Zutaten hinzufügen und **ca. 1 Min./Teigstufe** vermischen.
› Die Kartoffelmasse in die Auflaufform füllen, glatt streichen und im Kühlschrank fest werden lassen.
› Die Terrine vorsichtig stürzen und in Stücke schneiden.

Nährwerte/100 g: 137 kcal | EW 4,59 g | F 8,17 g | KH 10,95 g

Nährwerte/100 g: 334 kcal | EW 8,08 g | F 22,29 g | KH 25,52 g

Mini-Quiche mit Spinat-Thunfisch

Zutaten für ca. 8 Stück

Teig

250 g	Mehl
4 El	Milch
150 g	Butter, weich in Stücken

Füllung

½	Zwiebel
1	Knoblauchzehe
60 g	Spinat (TK), aufgetaut
2 El	Öl
1 Dose	Thunfisch im eigenen Saft (90 g)
1	Ei
2 El	Pinienkerne
80 g	Crème fraîche
½ Tl	Salz

1 Spritzer Zitronensaft
etwas Pfeffer

Zubereitung

Teig

› Alle Zutaten in den Mixtopf geben, **15 Sek./Teigstufe** kneten.
› Den Teig ausrollen und Kreise (ø ca. 8 cm) ausstechen.
› Die Teigkreise in kleine gefettete Förmchen oder Muffinmulden legen, dabei den Rand etwas hochziehen.
› Anschließend ca. 30 Min kalt stellen.

Füllung

› Backofen auf **180°C Ober-/Unterhitze** vorheizen.
› Zwiebel, Knoblauch und ausgedrückten Spinat in den Mixtopf geben, **4 Sek./Stufe 5** zerkleinern.
› Öl hinzufügen und **3 Min./Varoma/LL/Stufe 1** dünsten.
› Die restlichen Zutaten dazugeben und **30 Sek./Stufe 2** vermischen.
› Die Füllung auf dem Teig verteilen und **ca. 15–20 Min.** backen.

Fischtaler

Zutaten für ca. 15 Stück

1	kleine Zwiebel, halbiert
1	Knoblauchzehe
1	kleine Scheibe Ingwer
270 g	Lachsfilet
190 g	Seelachsfilet
1	Ei
2 El	Dill, fein gehackt
25 g	Schmand
15 g	Paniermehl
½ Tl	Pfeffer
1 Tl	Salz
Öl zum Braten	

Zubereitung

- Zwiebel, Knoblauch und Ingwer in den Mixtopf geben, **4 Sek./Stufe 6** zerkleinern.
- Den Fisch waschen, trocknen, in Stücke schneiden und in den Mixtopf dazugeben, **3 Sek./Stufe 6** zerkleinern.
- Die restlichen Zutaten hinzugeben und **35 Sek./Stufe 2** vermischen.
- Die Fischmasse zu kleinen Talern formen.
- Die Taler in einer Pfanne mit Öl rundherum braten.

Nährwerte/100 g: 125 kcal | EW 14,41 g | F 6,16 g | KH 2,80 g

Garnelenröllchen

Zutaten für 12–15 Stück

1	Schalotte
1	Knoblauchzehe
15 g	Öl
300 g	Garnelen (FP)
70 g	Mayonnaise
80 g	Semmelbrösel
½ Tl	Tabasco
1	Ei
20 g	Kräuter, gemischt (TK)
1 Pckg.	Filoteig (ca. 280 g)

Öl zum Braten

Zubereitung

- Schalotte und Knoblauch in den Mixtopf geben, **4 Sek./Stufe 5** zerkleinern.
- Öl hinzufügen und **3 Min./100°C/Stufe 2** andünsten.
- Garnelen dazugeben, **2 Sek./Stufe 4** zerkleinern.
- Die restlichen Zutaten hinzufügen und **3 Sek./Stufe 4** vermischen.
- Den Filoteig ausbreiten und in 12–15 Stücke teilen.
- Die Masse auf den Teigstücken verteilen, dabei einen Rand frei lassen.
- Die Platten einrollen und dabei die Seiten einschlagen.
- Die Röllchen in nicht zu heißem Fett langsam goldgelb braten.

Nährwerte/100 g: 224 kcal | EW 9,90 g | F 11,82 g | KH 19,33 g

Mini-Tomaten-Muffins

Zutaten für 12 Stück

2	Eier
4	Tomatenhälften, getrocknet in Öl
65 g	Kochschinken
7	große Blätter Basilikum
2 El	Wasser
10 g	Öl
15 g	Parmesan, gerieben
1	Prise Salz
etwas Pfeffer	
etwas Zucker	
50 g	Mehl
1 Tl	Backpulver
6	Cherrytomaten

Zubereitung

- Backofen auf **200°C Ober-/Unterhitze** vorheizen und ein Mini-Muffinblech einfetten.
- Die Eier trennen.
- Rühraufsatz einsetzen, Eiweiß hinzufügen und **3 Min./Stufe 4** steif schlagen.
- Das Eiweiß umfüllen und den Rühraufsatz entfernen.
- Getrocknete Tomaten, Schinken und Basilikum in den Mixtopf geben, **2 Sek./Stufe 8** zerkleinern.
- Eigelb, Wasser, Öl, Parmesan und Gewürze hinzufügen, **10 Sek./Stufe 3** vermischen.
- Mehl und Backpulver dazugeben, **15 Sek./Stufe 3** unterrühren.
- Den Eischnee mit dem Spatel unterheben.
- Die Masse in die Förmchen füllen und in jedes eine halbe Tomate eindrücken.
- Die Muffins **ca. 15 Min.** backen.

Nährwerte/100 g: 152 kcal | EW 8,98 g | F 7,41 g | KH 11,81 g

Nährwerte/100 g: 175 kcal | EW 8,92 g | F 8,77 g | KH 14,70 g

Gemüseküchlein

Zutaten für 8–10 Stück

Teig

85 g	Mehl
½	Ei, verquirlt
5 g	Hefe
20 g	Butter

Füllung

65 g	Cheddar-Käse
100 g	Möhren, in Stücken
30 g	Rucola
1	Zwiebel
1	Knoblauchzehe
10 g	Ingwer
125 g	Quark

Zubereitung

Teig

- Alle Teigzutaten in den Mixtopf geben und **1:30 Min./Teigstufe** kneten.
- Den Teig umfüllen und an einem warmen Ort ca. 30 Min. gehen lassen.

Füllung

- Käse in Stücken in den Mixtopf geben, **5 Sek./Stufe 7** reiben und umfüllen.
- Möhren, Rucola, Zwiebel, Knoblauch und Ingwer hinzufügen, **8 Sek./Stufe 4** zerkleinern.
- Quark und Käse dazugeben und **25 Sek./Stufe 2** vermischen.
- Backofen auf **190°C Ober-/Unterhitze** vorheizen.
- Den Teig zu einem Rechteck ausrollen (ca. 50 cm x 40 cm).
- Die Füllung auf dem Teig verteilen und von der langen Seite her einrollen.
- Die Teigrolle in Scheiben schneiden und mit den Schnittseiten nach oben bzw. unten in eingefettete Muffinförmchen legen.
- Die Küchlein **ca. 25 Min.** backen.

Zweierlei Crêpes

Zutaten für 8 Stück

Teig

760 g	Milch
4	Eier
2 El	Kräuter, gemischt (TK)
etwas Salz	
250 g	Mehl

Sauerkrautfüllung

1	kleine Zwiebel, halbiert
1	Knoblauchzehe
15 g	Öl
125 g	Speck, gewürfelt
1 Dose	Sauerkraut (ca. 314 ml)
2 Tl	Zucker
etwas Salz und Pfeffer	
2 Tl	Speisestärke

Lachsfüllung

1	Knoblauchzehe
3	Tomaten, getrocknet (FP in Öl)
1 Tl	Schnittlauch, in Röllchen
100 g	Frischkäse
50 g	Schmand
½ Tl	Zucker
½ Tl	Kräutersalz
ca. 400 g	Lachs, geräuchert in Scheiben

Zubereitung

Teig

- Milch, Eier, Kräuter und Salz in den Mixtopf geben, **10 Sek./Stufe** 4 vermischen.
- Mehl hinzufügen, **15 Sek./Stufe** 4 vermengen, umfüllen und 30 Min. ruhen lassen.
- Aus dem Teig in einer Pfanne mit etwas Öl die Crêpes ausbacken und auskühlen lassen.

Sauerkrautfüllung

- Die halbierte Zwiebel und den Knoblauch in den Mixtopf geben, **4 Sek./Stufe** 5 zerkleinern.
- Öl und Speck hinzufügen, **3 Min./120°C (Varoma)/Stufe** 1 dünsten.
- Die restlichen Zutaten, bis auf die Speisestärke, hinzugeben und **20 Min./100°C/LL/Stufe** 1 garen.
- Stärke mit 2 El Wasser anrühren, in den Mixtopf geben und **1 Min./100°C/LL/Stufe** 1 untermischen.
- Die Sauerkrautmasse umfüllen und abkühlen lassen.
- Die Füllung auf der Hälfte der Crêpes verteilen und diese einrollen.
- Lachsfüllung
- Knoblauch, Tomaten und Schnittlauch in den Mixtopf geben, **5 Sek./Stufe** 5 zerkleinern.
- Die restlichen Zutaten hinzugeben und **8 Sek./Stufe** 5 vermischen.
- Die Creme auf die anderen vier Crêpes streichen und je ¾ des Crêpes mit dem Lachs belegen.
- Die Crêpes von der Seite ohne Lachs her einrollen.
- Zum Servieren die Crêpes schräg in ca. 2 cm breite Stücke schneiden und anrichten.

Tipp *Sie können auch etwas Lachs und Creme als Deko verwenden, indem Sie kleine Lachsrosetten formen und diese mit Creme füllen.*

Nährwerte/Portion (4 Port.): 536 kcal | EW 27,89 g | F 19,46 g | KH 60,84 g

Blätterteigküsschen

Zutaten für 16–20 Stück

25 g	Lauchzwiebel (das Weiße davon)
10 g	Butter
65 g	Maiskörner (Dose)
2 El	Kräuter (TK)
50 g	Schmand
180 g	Mett
½ Tl	Salz
etwas Pfeffer	
2 Pckg.	Blätterteig (je ca. 275 g)
1	Eigelb

Zubereitung

- Lauchzwiebeln in feine Ringe schneiden, zusammen mit der Butter in den Mixtopf geben und 2 **Min./100°C/Stufe** 2 andünsten. Anschließend etwas abkühlen lassen.
- Mais, Kräuter, Schmand, Mett und Gewürze hinzugeben, 12 **Sek./LL/Stufe** 2 vermischen.
- Backofen auf **190°C Ober-/Unterhitze** vorheizen.
- Die erste Rolle des Blätterteigs ausrollen.
- Die Mettmasse als kleine Häufchen darauf verteilen. Den Abstand so wählen, dass Sie mit einem Glas oder dem Messbecher Kreise ausstechen können (ø ca. 5 cm).
- Die zweite Rolle des Blätterteigs ausrollen und auf die erste Platte mit der Masse legen.
- Nun die Häufchen als Kreise ausstechen. Alternativ können sie diese auch als Rauten oder Quadrate schneiden.
- Die Teiglinge auf ein mit Backpapier ausgelegtes Blech legen und mit Eigelb bepinseln.
- Die Blätterteigküsschen **ca. 12–15 Min.** backen.

Nährwerte/100 g: 355 kcal | EW 7,02 g | F 27,97 g | KH 19,55 g

Zucchinipüree mit Parmesancreme

Zutaten für 7–8 kleine Gläser

1	große Schalotte
400 g	Zucchini, in Stücken
3 Tl	Öl
1 Tl	Salz
etwas Pfeffer	
etwas Zucker	
1 Msp.	Rosmarin

Parmesancreme

200 g	Sahne
100 g	Parmesan, in Stücken

Zubereitung

- Schalotte in den Mixtopf geben, 2 **Sek./Stufe 6** zerkleinern.
- 1 Tl Öl hinzufügen und **2 Min./120°C (Varoma)/Stufe 1** dünsten.
- Zucchini hinzufügen, **5 Sek./Stufe 4** zerkleinern.
- 2 Tl Öl dazugeben und **10 Min./100°C/LL/Stufe 2** garen.
- Anschließend weitere **15 Min./80°C/LL/Stufe 2** fertig garen.
- Die Gewürze hinzugeben, **10 Sek./Stufe 3** unterrühren und in die Gläser füllen.

Parmesancreme

- Parmesan in den sauberen Mixtopf geben, **7 Sek./Stufe 10** reiben.
- Sahne hinzufügen und **2 Min./70°C/Stufe 1** den Käse darin schmelzen.
- Die Käsesahne nun **10 Min./100°C/Stufe 1** etwas einköcheln und anschließend auskühlen lassen.
- Die Parmesancreme oben auf das Püree geben und im Kühlschrank fest werden lassen.

Nährwerte/100 g: 161 kcal | EW 5,98 g | F 14,23 g | KH 2,57 g

Nährwerte/100 g: 260 kcal | EW 9,51 g | F 19,95 g | KH 10,75 g

Pikante Frischkäse Windbeutel

Zutaten für 15–18 Stück

Brandteig

50 g	Butter, in Stücken
120 g	Wasser
1 Prise	Salz
125 g	Mehl
½ Tl	Backpulver
3	Eier

Füllung

320 g	Frischkäse
100 g	Schinkenwürfel, geräuchert
80 g	Schmand
3 Tl	Kräuter (TK)
1½ Tl	Paprika, edelsüß
3 Msp.	Paprika, scharf
½ Tl	Salz

Zubereitung

Teig

- Butter, Wasser und Salz in den Mixtopf geben, **4 Min./100°C/Stufe 1** erhitzen.
- Mehl und Backpulver hinzufügen, **1 Min./Stufe 4** vermischen.
- Den Teig 15 Min. abkühlen lassen.
- Backofen auf **200°C Ober-/Unterhitze** vorheizen.
- Die Eier bei laufendem Messer **Stufe 5** über den Deckel zugeben und anschließend **1 Min./Stufe 5** unterrühren.
- Den Teig in einen Spritzbeutel füllen und 15–18 Häufchen mit etwas Abstand auf ein mit Backpapier ausgelegtes Backblech spritzen.
- Die Windbeutel **ca. 20–25 Min. backen.** Die Backofentür bitte geschlossen halten, weil die Windbeutel sonst zusammenfallen.

Füllung

- Alle Zutaten für die Creme in den Mixtopf geben und **30 Sek./LL/Stufe 2** vermischen.
- Die erkalteten Windbeutel durchschneiden und mit der Creme füllen.

Tipp *Wer es gern pikant mag, kann etwas Chili oder Cayennepfeffer dazugeben.*

Zwiebelstangerl

Zutaten für ca. 15 Stangerl

100 g	Butter, in Stücken
240 g	Mehl
¾	Würfel Hefe
80 g	Milch
50 g	Röstzwiebeln (FP)
½ Tl	Salz
½ Tl	Paprika, edelsüß

etwas Pfeffer

Zubereitung

- Butter in den Mixtopf geben, **2 Min./37°C/Stufe 1** schmelzen.
- Die restlichen Zutaten hinzufügen und **2 Min./Teigstufe** kneten.
- Den Teig ca. 1 Std. im Mixtopf gehen lassen.
- Nun nochmals **30 Sek./Teigstufe** kneten.
- Aus dem Teig fingerdicke Stangen rollen und auf ein mit Backpapier ausgelegtes Backblech legen.
- Backofen auf **200°C Ober-/Unterhitze** vorheizen und die Stangerl währenddessen nochmals gehen lassen.
- Die Zwiebelstangerl **12–15 Min.** goldgelb backen.

Tipp *Gut geeignet als Snack zu einem Glas Wein oder Bier.*

Nährwerte/100 g: 396 kcal | EW 8,24 g | F 21,99 g | KH 41,33 g

Käsetaler

Zutaten für ca. 18 Stck.

80 g	Käse, Emmentaler
80 g	Mehl
70 g	Butter, weich in Stücken
10 g	Haselnüsse od. Mandeln, gemahlen
½ El	Speisestärke
½ Tl	Salz
etwas Pfeffer	
1	Eigelb zum Bestreichen

Zubereitung

- Käse in den Mixtopf geben und **5 Sek./Stufe 7** reiben.
- Die restlichen Zutaten hinzufügen und **1 Min./Teigstufe** kneten.
- Den Teig auf Frischhaltefolie geben und mit Hilfe der Folie zu einer Rolle einrollen.
- Die Rolle für ca. 2 Std. im Kühlschrank kalt stellen.
- Die erkaltete Rolle von der Folie befreien, in Scheiben schneiden und diese auf ein mit Backpapier ausgelegtes Backblech legen.
- Die Taler mit Eigelb bestreichen und im vorgeheizten Backofen bei **190°C Ober-/Unterhitze ca. 12–15 Min.** backen.

Tipp *Reichen Sie die Käsetaler zu einem Glas guten Rotwein.*

Nährwerte/100 g: 467 kcal | EW 13,38 g | F 35,96 g | KH 23,33 g

Spargel im Filoteig

Zutaten für 12–15 Stck.

500 g	grüner Spargel
500 g	Wasser
1½ Tl	Salz
½ Tl	Zucker
½ Pckg.	Filoteig (ca. 140 g)
Öl zum Braten	

Zubereitung

- Spargel putzen und die Enden abschneiden.
- Wasser, Zucker und Salz in den Mixtopf einfüllen.
- Den Spargel in den Varoma geben und auf den Mixtopf setzen, **15 Min./Varoma/Stufe 1** dämpfen.
- Spargel gut abtropfen lassen.
- Den Spargel in den Filoteig wickeln und in etwas Öl in einer Pfanne von beiden Seiten knusprig braten.

Nährwerte/100 g: 95 kcal | EW 3,31 g | F 2,27 g | KH 14,96 g